Tim Pawlowski

Sportökonomik

Tim Pawlowski

Sportökonomik

Einführung kompakt

UVK Verlagsgesellschaft mbH · Konstanz

Prof. Dr. Tim Pawlowski ist Leiter des Arbeitsbereichs Sportökonomik, Sportmanagement und Sportpublizistik an der Eberhard Karls Universität Tübingen. Seine Forschungsinteressen liegen insbesondere in der ökonomischen Analyse von Sportwettbewerben, der Sportnachfrage sowie der Finanzierung des Sportsystems.

Bibliografische Information der Deutschen Bibliothek
Die Deutsche Bibliothek verzeichnet diese Publikation in der Deutschen Nationalbibliografie; detaillierte bibliografische Daten sind im Internet über <http://dnb.ddb.de> abrufbar.

ISBN 978-3-86764-542-3

Lektorat: Rainer Berger
Einbandgestaltung: Susanne Fuellhaas, Konstanz
Einbandmotiv: © koey
Printed in Germany

UVK Verlagsgesellschaft mbH
Schützenstr. 24 · 78462 Konstanz
Tel. 07531/9053-0 · Fax 07531/9053-98
www.uvk.de

Vorwort

Die wirtschaftliche Entwicklung und Bedeutung des Spitzensports erfordert in zunehmendem Maße auch eine wirtschafts*wissenschaftliche* (ökonomische) Betrachtung. Darüber hinaus eignet sich das wirtschaftswissenschaftliche Instrumentarium (in modifizierter Form) hervorragend, um einige zentrale Fragen im Bereich des nichtkommerziellen Freizeit- und Breitensports ebenfalls wissenschaftlich zu ergründen. Dies sind die Voraussetzungen und Rahmenbedingungen, unter denen sich in den letzten Jahren die Sportökonomik als relevanter Wissenschaftszweig herausgebildet und entwickelt hat.

Aber ist die Sportökonomik ein eigenständiger Wissenschaftszweig? Ist sie Teil der Sportwissenschaft oder Teil der Wirtschaftswissenschaften? Womit beschäftigt sich die Sportökonomik? Was machen Sportökonomen? Welche empirischen Studien gibt es? Und warum wird das Buch Sportökonomik und nicht Sportökonomie oder Sportmanagement genannt?

Unter anderem diesen Fragen geht das vorliegende Buch nach, welches eine überarbeitete und erweiterte Fassung meines Kapitels „Sportökonomik" im UTB-Buch „Einführung in die Sportwissenschaft" von Verena Burk und Marcel Fahrner darstellt. Ich möchte mich an dieser Stelle ganz herzlich bei Professor Georg Anders für seine kritische Durchsicht des Buchkapitels und seine sehr hilfreichen Anmerkungen bedanken.

Tübingen, im Februar 2014

Tim Pawlowski

Inhalt

Lernziele

- Die Leser erfahren, mit welchen Phänomenen sich die Sportökonomik beschäftigt und welche Themen aus ihrer Sicht relevant sind.
- Sie erkennen, wie die Sportökonomik entstanden ist, wie sie sich bis zum heutigen Stand entwickelt hat und in welcher Verbindung sie zwischen der Sportwissenschaft und der Volkswirtschaftslehre steht.
- Sie lernen wissenschaftliche Zielsetzungen und Aufgaben der Sportökonomik kennen und reflektieren, mit welchen Theorien sich die Sportökonomik den für sie relevanten Phänomenen und Themen nähert, welchen Problem-/Fragestellungen sie sich widmet und welche Methoden dabei typischerweise zum Einsatz kommen.
- Sie erfahren, in welchem Verhältnis die Sportökonomik zur Sportpraxis steht, insbesondere welche Bedeutung die Sportpraxis ihren Forschungsergebnissen beimisst.

1 Charakterisierung der Sportökonomik

Bis heute besteht kein Konsens darüber, was Sportökonomik ist. Um die Perspektive dieses Buches zu verstehen, wird daher zunächst eine Begriffseingrenzung vorgenommen und die anhaltende Debatte zur Einordnung dieser noch sehr jungen wissenschaftlichen Disziplin kurz skizziert.

Wenn Aspekte des Sports aus ökonomischer Perspektive beleuchtet werden, sind im deutschen Sprachgebrauch die Begriffe Sportökonomie, Sportökonomik und Sportmanagement gebräuchlich. Daumann (2011) und Trosien (2009) definieren die *Sportökonomie* als Oberbegriff einer Betriebswirtschaftslehre (BWL) und Volkswirtschaftslehre (VWL) des Sports. Die Auseinandersetzung mit ausschließlich volkswirtschaftlichen Aspekten des Sports wird hingegen häufig als Sportökonomik bezeichnet (vgl. Dietl, 2011). Da die volkswirtschaftlichen Aspekten des Sports im Fokus des vorliegenden Buches stehen, wurde es mit dem Begriff *Sportökonomik* entsprechend spezifiziert.

Unklar ist allerdings bis heute, in welchem Verhältnis Sportökonomie und Sportökonomik zu dem geläufigeren Begriff *Sportmanagement* stehen. Während Thieme (2011) Sportmanagement als spezielle Betriebswirtschaftslehre des Sports sieht, gehören nach Parkhouse (2005) auch die volkswirtschaftlichen Aspekte des Sports zum Sportmanagement. Nach Daumann (2011) werden unter Sportmanagement ebenfalls sowohl betriebs- als auch volkswirtschaftliche Aspekte des Sports subsummiert. Er versteht unter Sportmanagement allerdings nur die „technologische Nutzung der Theorien der BWL/VWL des Sports“ (Daumann, 2011, S. 10). Breuer und Thiel (2005) fassen Sportmanagement noch weiter, indem sie den Begriff der Sportmanagementwissenschaft als Oberbegriff von Sportökonomik, Sportpsychologie, Sportrecht und Sportsoziologie einführen.

Unklar ist darüber hinaus, ob die Sportökonomik Teil der *Wirtschaftswissenschaften* oder Teil der *Sportwissenschaft* ist. Einerseits argumentiert beispielsweise Dietl (2011), dass die Sportökonomik eine Teildisziplin der Wirtschaftswissenschaften darstellt, weil sie auf dem grundlegenden wirtschaftswissenschaftlichen Fundament aufbaut. Dazu passt die Einschätzung, dass sich die Daten aus dem Sportbereich hervorragend dazu eignen, allgemeine ökonomische Theorien zu überprüfen:

> "Research has also shown that economics can illuminate many aspects of sports, including soccer. *Beautiful Game Theory* is the first book that uses soccer to test economic theories and document novel human behavior" (Palacios-Huerta, 2014).

Andererseits ist die institutionelle Anbindung der Sportökonomik in den Universitäten sportwissenschaftlich geprägt: Es gibt z. B in Deutschland entsprechende Professuren nur in sportwissenschaftlichen, nicht aber in wirtschaftswissenschaftlichen Instituten. Gleichwohl forschen jedoch zahlreiche Wirtschaftswissenschaftler an wirtschaftswissenschaftlichen Instituten (u. a.) im Bereich der Sportökonomik.

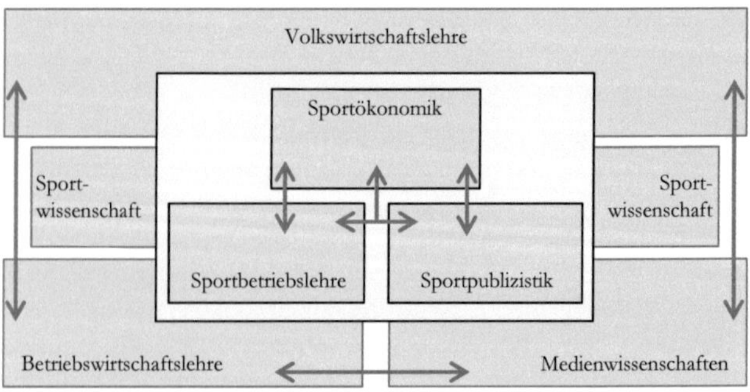

Abb. 1: Die Sportökonomik im Schnittfeld von Sportwissenschaft, Volkswirtschaftslehre und angrenzenden Disziplinen (eigene Darstellung).

Ausgehend von der zuvor skizzierten Debatte ist Abbildung 1 der Versuch einer eigenen Einordnung der Sportökonomik im Schnittfeld von Sportwissenschaft und VWL sowie angrenzenden Disziplinen. Neben der Sportwissenschaft, der VWL und der BWL wurde in der Abbildung zudem die Perspektive der Medienwissenschaften eingeführt, da einige medienökonomische Aspekte Relevanz für die

Sportökonomik haben. Wie die Abbildung andeutet, existieren keine klaren Abgrenzungen zwischen den einzelnen Disziplinen. Häufig sind die Übergänge fließend.

Dieser einführenden Einordnung folgend, beschäftigt sich die Sportökonomik mit den mikro- und makroökonomischen Aspekten des Sports. Allgemein werden im Rahmen der *Mikroökonomik* einzelne Elemente der Wirtschaft (Anbieter und Nachfrager) sowie deren Zusammenwirken auf Märkten betrachtet. Mikroökonomische Themen des Sports beziehen sich beispielsweise auf das Zuschauerverhalten im Spitzensport, das Verhalten von Profisportvereinen und -unternehmen sowie deren Zusammenwirken beispielsweise in Stadien. Im Rahmen der *Makroökonomik* werden gesamtwirtschaftliche Phänomene betrachtet. Makroökonomische Themen des Sports beziehen sich entsprechend u. a. auf die wirtschaftliche Bedeutung des Sports oder die wirtschaftliche Bedeutung von Sportgroßevents (vgl. Mankiw & Taylor, 2008).

> Bereits an dieser Stelle sei darauf hingewiesen, dass eine Reduzierung der Sportökonomik auf den Gegenstandsbereich des Spitzensports zu kurz greift. Die volkswirtschaftlichen Aspekte des Freizeit- und Breitensports sind von großer (sportpolitischer) Bedeutung und erfahren daher insbesondere in der jüngeren Vergangenheit eine zunehmende (wissenschaftliche) Beachtung.

Bevor jedoch einzelne Themen der Sportökonomik näher spezifiziert und erläutert werden, ist zunächst die grundlegende Frage zu klären, warum die Sportökonomik als eigenständige wissenschaftliche Disziplin zu verstehen ist.

Nach Heinemann (1984; 1998) kann dies mit den zahlreichen Besonderheiten des Sports begründet werden, die ein einfaches Anwenden allgemeiner mikro- oder makroökonomischer Theorien und Methoden im Gegenstandsbereich des Sports erschweren oder unmöglich machen (vgl. hierzu auch Daumann, 2011; Dietl, 2011; Hickel, 2002; Horch, 1999). Zugleich liefert ein Teil dieser Besonderheiten die Begründung für die zahlreichen (staatlichen) Interventionen im Sport.

Nicht zuletzt aufgrund der Aktualität des Themas bietet es sich an, mit den *Zielen* von Profisportvereinen zu beginnen. In jedem Einführungsbuch zur VWL wird angenommen, dass Unternehmen ihren Gewinn maximieren. Sloane (1969; 1971) argumentierte als Erster, dass europäische Fußballclubs dagegen eher ihren *sportlichen Erfolg* maximieren. Diese Ausgangsüberlegung findet sich folglich in vielen theoretischen Modellen wieder, in denen Ligen mit sieg- und gewinnmaximierenden Teams verglichen werden (vgl. z. B. Késenne, 1996; 2004; Fort & Quirk, 1995; Szymanski, 2003). Klassischer Weise wird dabei in sportökonomischen Überlegungen angenommen, dass Teams in den nordamerikanischen Profiligen (MLB, NBA, NFL, NHL) eher gewinnorientiert agieren, während Teams in den europäischen Profiligen eher ihren sportlichen Erfolg – unter der Nebenbedingung eines (Null-)Gewinns – maximieren. Allerdings ist durchaus kritisch zu hinterfragen, inwiefern Teams in den nordamerikanischen Profiligen tatsächlich gewinnorientiert agieren. Beispielsweise verzeichnete die NBA im Jahr 2010 einen Verlust von rund 215 Mio. Euro (vgl. Sportinformationsdienst, 2010). Auch die (Null-)Gewinn-Bedingung ist in Anbetracht der enormen Verbindlichkeiten, die insbesondere im europäischen Profifußball angehäuft wurden, fraglich. 2012 waren beispielsweise die Clubs der spanischen La Liga und der englischen Premier League jeweils mit mehr als 3 Mrd. Euro (pro Liga) verschuldet. Auch in anderen europäischen Profifußballligen haben sich mittlerweile Verbindlichkeiten in Milliardenhöhe angehäuft – nicht zuletzt ein Grund für die Einführung des Finanziellen Fairplay (FFP)-Reglements durch die UEFA (vgl. hierzu Fahrner, 2012 sowie Müller, Lammert & Hovemann, 2012).[1]

Neben den Zielen von Profisportvereinen weist auch das Produkt des professionellen Sports einige Besonderheiten auf. So gilt die Unsicherheit über den Ausgang eines Spiels oder einer Saison als ein wesentlicher nutzenstiftender Parameter für die Stadion- und Fernsehzuschauer. Es waren Rottenberg (1956) und Neale (1964),

---

[1] Eine umfassende Analyse zum Einfluss des FFP –Reglements auf die sportlichen und finanziellen Rahmenbedingungen in vier europäischen Fußballligen wird von Peeters und Szymanski (2014) durchgeführt.

die vor diesem Hintergrund die sogenannte Unsicherheitshypothese begründeten. Obgleich bisher nur unzureichend empirisch validiert, dient die Unsicherheitshypothese als Rechtfertigungsgrund für zahlreiche Regulierungsmaßnahmen im Profisport. Beispielsweise existieren in den nordamerikanischen Ligen Gehaltsobergrenzen (*Salary Caps*), Nachwuchsrekrutierungs-Regeln (*Entry Draft*) und Einnahmenumverteilungs-Regeln (*Revenue Sharing*). Letztgenannte Regulierung findet sich auch in den meisten europäischen Profisportligen, wenn etwa die Medienrechte in Deutschland zentral durch die Deutsche Fußball Liga GmbH (DFL) vermarket und dabei erzielte Einnahmen jährlich nach bestimmten Verteilungsschlüsseln an die 36 Profivereine der Fußball Bundesliga und 2. Bundesliga ausgeschüttet werden. All diese Regulierungsmaßnahmen dienen der Aufrechterhaltung einer gewissen Wettbewerbsintensität zwischen den teilnehmenden Teams und somit der Gewährleistung der Unsicherheit über den Ausgang eines Spiels oder einer Saison.

> Die „besonderen" Ziele der Profisportvereine und die Bedeutung der Unsicherheit über den sportlichen Ausgang gehen mit einem scheinbar widersprüchlichen *Verhalten* der handelnden Akteure im professionellen Sport einher. Einerseits konkurrieren die Vereine um knappe Ressourcen wie Spieler, Trainer oder finanzielle Mittel. Zum anderen kooperieren sie beispielsweise bei der gemeinsamen Vermarktung der Medienrechte, um durch die Einnahmenumverteilung eine größtmögliche Unsicherheit aufrechtzuerhalten. Dieses Phänomen wird *Kooperenz* genannt und wurde von Neale (1964, S. 2) mit der Maxime umschrieben: „Oh Lord, make us good, but not that good".[2]

Während die Bedeutung der Unsicherheit über den sportlichen Ausgang als Rechtfertigung für die zahlreichen Regulierungsmaß-

---

[2] Da das Phänomen der Kooperenz häufig als Ausnahmeerscheinung im Sportbereich gilt, sei darauf hingewiesen, dass Kooperenz auch in anderen Bereichen vorzufinden ist. So kooperieren beispielsweise einzelne Länder im Handel, stehen aber zugleich in Konkurrenz zueinander. So kommt es auch dort teilweise zu widersprüchlichen Verhaltensweisen.

nahmen im Spitzensport dienen, sind es so genannte *externe Effekte* und *öffentliche Guts-Eigenschaften*, die zur Rechtfertigung der staatlichen Spitzensportförderung herangezogen werden. Unter einem externen Effekt wird im Allgemeinen die Auswirkung einer Handlung auf unbeteiligte Dritte verstanden (vgl. Mankiw & Taylor, 2008). Die dem Spitzensport zugeschriebenen (positiven) externen Effekte können in Anlehnung an Langer (2006) als Prestigewert und Wachstumsexternalitäten umschrieben werden. Beispielsweise können sportliche Erfolge von Sportlern ebenso wie die Austragung von Sportevents das Zusammengehörigkeitsgefühl auf lokaler, regionaler und nationaler Ebene fördern. Ebenfalls ist denkbar, dass die Ausrichtung von Sportgroßevents zu positiven Wachstumsimpulsen innerhalb der jeweiligen Volkswirtschaft führen. Aufgrund der Identitätsstiftung und Repräsentationswirkung wird Spitzensport häufig auch als *öffentliches Gut* charakterisiert, da niemand vom Konsum ausgeschlossen werden kann und der Konsumnutzen eines jeden zusätzlichen Nachfragers nicht kleiner wird. Übersetzt bedeutet das: Jeder hat beispielsweise die Möglichkeit, sich über Sportereignisse zu informieren und Stolz für die sportlichen Erfolge der Athleten, z. B. bei Olympischen Spielen, zu empfinden. Zugleich ist das Ausmaß des persönlichen Empfindens von Stolz unabhängig von der Anzahl an Mitkonsumenten. Generell werden öffentliche Güter aufgrund ihrer Beschaffenheit nicht oder nur in unzureichendem Umfang am Markt angeboten. Dieses *Angebotsversagen* erklärt, warum der Staat im Allgemeinen die Bereitstellung von öffentlichen Gütern fördert.

Externe Effekte werden ebenfalls zur Rechtfertigung der staatlichen Förderung im Breiten- und Freizeitsport herangezogen. Beispielsweise wird argumentiert, dass körperliche Aktivität gesundheitsfördernde Effekte hat und eine sportlich aktive Bevölkerung maßgeblich zur Reduzierung der Gesundheitskosten beitragen kann. Darüber hinaus beschreibt Langer (2006) zahlreiche sozioedukatorische Werte des (in Sportvereinen) organisierten Sports, wie Sozialisation, Entfaltung der Persönlichkeit, Aufbau von sozialen Beziehungen und Sozialkapital oder Integration verschiedener Bevölkerungsgruppen und -schichten. All diese Effekte hätten in aggregierter Form positive Auswirkungen auf die Gesellschaft und die Volkswirtschaft. Dieser (externe) Nutzen wird allerdings nicht im Entscheidungskalkül der Einzelnen berücksichtigt. Insofern ist zu erwarten, dass nicht alle Individuen im (gesellschaftlich) wünschenswerten Umfang körperlich aktiv sind oder sich in Sportvereinen engagieren. Derartiges *Nachfrageversagen* ist die Eigenschaft sogenannter *meritorischer Güter* und entsprechend eine Rechtfertigung dafür, dass der Staat beispielsweise Sportvereine subventioniert, um die Nachfrage nach körperlicher Aktivität und Engagement in Sportvereinen mit einem niedrigen Preis „anzukurbeln".

> Wie die Unsicherheitshypothese sind jedoch auch die (externen) Effekte des Spitzensports und des Breiten- und Freizeitsports bisher nicht ausreichend empirisch validiert. Daher argumentiert Daumann (2011), dass sich die staatliche Förderung des Sports nur schlecht mit den externen Effekten und den öffentlichen oder meritorischen Guts-Eigenschaften rechtfertigen lässt.[3]

Neben den zuvor diskutierten Besonderheiten werden von Heinemann (1998) und Daumann (2011) noch weitere Aspekte erläutert. Viele dieser Besonderheiten treffen jedoch auch auf andere Dienstleistungen zu, sodass auf eine weitere Erläuterung an dieser Stelle verzichtet wird. Nicht nur aufgrund der hier skizzierten einzelnen Besonderheiten, sondern insbesondere aufgrund des komplexen Zusammenwirkens zahlreicher Besonderheiten ist eine gesonderte und modifizierte ökonomische Analyse des Sports erforderlich.

---

[3] In aktuellen Forschungsarbeiten werden einzelne Facetten möglicher Effekte empirisch überprüft. So analysieren bspw. Downward, Pawlowski und Rasciute (2013) inwiefern Engagement (u.a.) im Sportverein zum Aufbau von Sozialkapital führt. Weitere Arbeiten befassen sich beispielsweise mit dem (monetären) Wert von Spitzensporterfolgen für die Bevölkerung (vgl. Breuer & Hallmann, 2012; Wicker et al., 2012) oder den motivierenden Effekten von Spitzensportlern als Vorbilder für das eigene Sporttreiben (vgl. Mutter & Pawlowski, 2013; 2014).

2 Entstehung und Entwicklung

Die Anfänge der Sportökonomik lassen sich mit den beiden Beiträgen von Rottenberg (1956) und Neale (1964) im amerikanischen Raum recht genau datieren.[4] Sloane (1969; 1971) war der erste, der diese sportökonomischen Analysen in England aufgriff. Er führte die Idee ein, dass europäische Fußballvereine ihren Nutzen maximieren, was nicht zwangsläufig mit der Maximierung des Gewinns einhergehen muss. Es folgten Arbeiten von Hart et al. (1995), Bird (1982) und Jennett (1984) in England. Die Anfänge sportökonomischer Analysen in Frankreich gehen (z. T. soziologisch geprägt) auf Volpicelli (1966), Bourdieu (1979), Pociello (1981) und Andreff (1980) zurück. Erste Arbeiten im deutschsprachigen Raum legten Melzer und Stäglin (1965) zur „Ökonomie des Fußballs“, Gärtner und Pommerehne (1978) zum Thema „Der Fußballzuschauer – ein homo economicus?“, Büch und Schellhaaß (1978) zu „Ökonomischen Aspekten der Transferentschädigung im bezahlten Mannschaftssport“ sowie Heinemann (1984) mit seinen „Texten zur Ökonomie des Sports“ vor (vgl. Daumann, 2011).

Entsprechend bildeten sowohl im nordamerikanischen als auch im europäischen Raum ökonomische Analysen im Spitzensport den Ausgangspunkt für die Entwicklung der Sportökonomik als eigenständige Disziplin. Darüber hinaus waren es Heinemann und Horch (1981) mit einer eher soziologisch geprägten Analyse der Sportorganisationen, Andreff und Nys (1984) zur Bedeutung des Ehrenamts im Sport sowie Horch (1994) mit seinem Artikel zu den „Besonderheiten einer Sport-Ökonomie – ein neuer bedeutender Zweig der Freizeitökonomie“, die den Weg für eine ökonomische Analyse im Freizeit- und Breitensport bereiteten.

Heutzutage arbeiten Wissenschaftler weltweit an diversen ökonomischen Analysen sowohl im Bereich des Spitzensports als auch im

---

[4] Eine hervorragende Übersicht zu den Anfängen und der Entwicklung sportökonomischer Forschungsarbeiten findet sich bei Andreff und Szymanski (2009). Teile der folgenden Ausführungen sind ihrem Kapitel entnommen.

Bereich des Breiten- und Freizeitsports. In Anbetracht der zuvor skizzierten historischen Entwicklung kann jedoch gesagt werden, dass ökonomische Analysen des Spitzensports ihren Ursprung in Nordamerika hatten und ökonomische Analysen des Breiten- und Freizeitsports in Europa entstanden.

Wie bereits eingangs erwähnt, sind Sportökonomik und Sportbetriebslehre nicht klar zu trennen. Vielmehr existieren fließende Übergänge, weshalb betriebswirtschaftliche Analysen parallel zur ökonomischen Betrachtung zum Sport durchgeführt wurden. Erste Arbeiten gehen auf Dreyer (1986) zur „Werbung im Sport“, Drees (1989) zum „Sportsponsoring“ und Freyer (1990) zum „Sportmarketing“ zurück.

Mit der wissenschaftlichen Disziplin der Sportökonomik haben sich eigenständige Journals (z. B. *Journal of Sports Economics*, *International Journal of Sport Finance*) und wissenschaftliche Vereinigungen (z. B. Arbeitskreis (*AK*) Sportökonomie e.V., North American Association of Sports Economists (*NAASE*), European Sport Economics Association (*ESEA*)) entwickelt.

3 Themenfelder

Einen ersten Eindruck zu den Themenfeldern der Sportökonomik liefern einschlägige Lehrbücher. Für den nordamerikanischen Raum sind beispielsweise die Bücher von Fort (2003) sowie von Leeds und von Allmen (2005) zu nennen. Im europäischen Raum ist das Lehrbuch von Downward, Dawson und Dejonghe (2009) maßgeblich. Während die meisten deutschsprachigen Lehrbücher in erster Linie die betriebswirtschaftliche Analyse des Sports betonen, fokussiert das Lehrbuch von Daumann (2011) hauptsächlich die volkswirtschaftlichen Aspekte des Sports. Wie sich zeigt, unterscheiden sich die Lehrbuchinhalte zwar in den einzelnen Ländern, der Spitzensport wird aber in allen Lehrbüchern in sehr ähnlicher Form thematisiert. Im Fokus stehen dabei die Messung der Wettbewerbsintensität (Competitive Balance: CB) und deren Bedeutung für die Zuschauer (Uncertainty of Outcome Hypothesis: UOH) sowie der Arbeitsmarkt[5] und die öffentliche Sportförderung. Darüber hinaus thematisieren die nordamerikanischen Lehrbücher den College Sport, während die europäischen Lehrbücher eher ihren Fokus auf den Freizeit- und Breitensport richten.

- Fort (2003): Dieses Lehrbuch gliedert sich in vier Teile. Das erste Kapitel thematisiert die Nachfrage und das Angebot sowie die Märkte (und deren Output) im Sportbereich. Im zweiten Kapitel werden arbeitsmarktökonomische Aspekte des Sports behandelt ehe auf das Zusammenspiel zwischen öffentlicher Hand und Sport näher eingegangen wird. Das abschließende Kapitel thematisiert den College Sport.
- Leeds und von Allmen (2005): Dieses Lehrbuch gliedert sich in fünf Teile und beinhaltet neben einer Einführung in das allgemeine ökonomische Instrumentarium die Bereiche Indust-

[5] Wie Andreff und Szymanski (2009) anmerken, hatte die Sportökonomik von Beginn an eine sehr enge Verbindung zur Arbeitsmarktökonomik (labour economics). Einen strukturierten Einblick zum Arbeitsmarkt Sport in Deutschland bietet der Aufsatz von Anders (1995).

rieökonomik, Finanzwissenschaften und Arbeitsmarktökonomik im Sport. Wie bei Fort (2003) thematisiert auch hier ein Kapitel zudem den College Sport.

- Downward, Dawson und Dejonghe (2009): Dieses Lehrbuch beginnt ebenfalls mit einer Wiederholung des allgemeinen ökonomischen Instrumentariums. In den folgenden Kapiteln werden auch die Besonderheiten des Sports in Europa explizit berücksichtigt. Im Gegensatz zu den nordamerikanischen Lehrbüchern liegt ein Schwerpunkt des Buchs (insgesamt vier Kapitel) auf den ökonomischen Aspekten des Freizeit- und Breitensports.
- Daumann (2011): Nach kurzer Einführung zur wirtschaftlichen Bedeutung des Sports wird in diesem Lehrbuch erläutert, was Sportökonomie ist. Die übrigen Kapitel thematisieren verschiedene ökonomische Aspekte des Spitzensports, beispielsweise die Besonderheiten der Zuschauernachfrage bei sportlichen Wettkämpfen, die ökonomischen Charakteristika sportlicher Wettkämpfe und deren Design bei Individualsportarten, die Produktion sportlicher Leistung bei Teamsportarten, die ökonomische Besonderheiten einer Liga und den Arbeitsmarkt im Ligensport. Dem Freizeit- und Breitensport wird hingegen kaum Beachtung geschenkt.

Im Folgenden werden einige Themenfelder der Sportökonomik weiter vertieft. Dabei wird kein Anspruch auf Vollständigkeit erhoben. Es geht vielmehr um den exemplarischen Einblick in einige aktuelle und relevante Forschungsarbeiten im Bereich der empirischen Sportmakro- und Sportmikroökonomik.

3.1 Sportmakroökonomik

Auf makroökonomischer Ebene gibt es einerseits Studien, die sich mit (I) der Quantifizierung des sportbezogenen Anteils innerhalb der Volkswirtschaft beschäftigen. Der zweite Teilbereich makroökonomisch orientierter Studien fokussiert (II) die wirtschaftlichen Effekte von Sportgroßevents.

Studien zum Bereich (I) haben eine hohe sportpolitische Relevanz und wurden von der Europäischen Kommission explizit im *White Paper on Sport* von den Mitgliedsstaaten gefordert. Zu unterscheiden sind dabei Studien zur wirtschaftlichen Bedeutung sowie zur finanzpolitischen Bedeutung des Sports.

- Studien zur *wirtschaftlichen Bedeutung* in mehreren europäischen Ländern wurden von Jones (1989) und Andreff et al. (1995) publiziert. Weber et al. (1995), Meyer und Ahlert (2000) sowie Preuß, Alfs und Ahlert (2012a; b) quantifizierten die wirtschaftliche Bedeutung des Sports in Deutschland. Den Berechnungen von Preuß et al. (2012) zufolge entfielen im Jahr 2010 rund 7,2% des Gesamtkonsums der Privathaushalte auf den Sportbereich. Dies entspricht umgerechnet 83,4 Mrd. Euro an Umsatz durch die aktive Sportausübung (vgl. Abbildung 2) sowie 19,8 Mrd. Euro an Umsatz durch „Sportinteresse" (vgl. Abbildung 3). Zur letztgenannten Kategorie gehören beispielsweise die Eintrittsgelder für den Besuch von Sportveranstaltungen (7,9 Mrd. Euro) oder die Verpflegung, Unterkunft (bei Sportveranstaltungen) und Barbesuche wegen Pay TV (zusammen rund 4 Mrd. Euro). In einer weiteren Studie wird darüber hinaus das Gesamtvolumen für Werbung, Sponsoring und Medienrechte in 2010 auf rund 5,5 Mrd. Euro abgeschätzt. Interessant ist dabei, dass das Sponsoring-Volumen (inklusive Aktivierung) im Breitensportbereich mit rund 2,1 Mrd. Euro im Vergleich zum Spitzensport mit rund 1,1 Mrd. Euro fast doppelt so hoch ausfällt (vgl. Bundesministerium für Wirtschaft und Technologie, 2012).

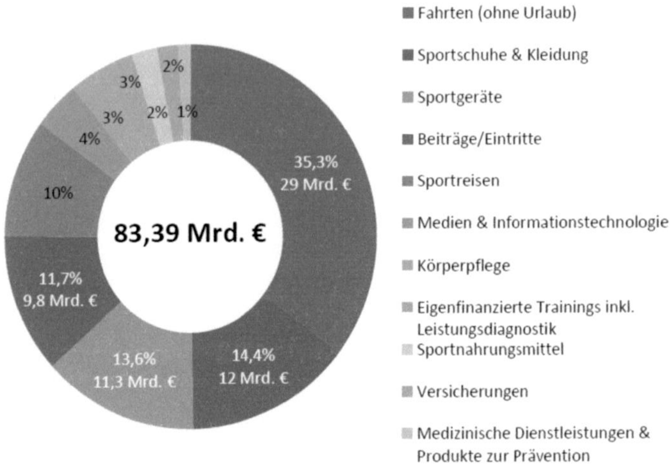

Abb. 2: Ausgaben der sportlich aktiven Bevölkerung in Deutschland (entnommen aus Preuß, Alfs & Ahlert, 2012b, S. 7).

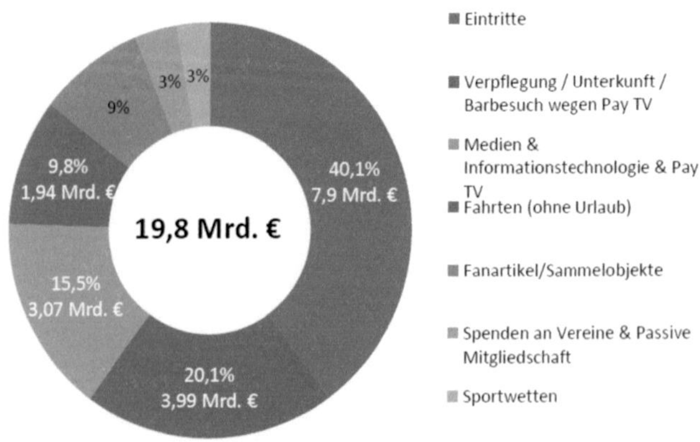

Abb. 3: Ausgaben der sportinteressierten Bevölkerung in Deutschland (entnommen aus Preuß, Alfs & Ahlert, 2012b, S. 7).

- Pawlowski und Breuer (2012a) quantifizieren erstmals die *finanzpolitische Bedeutung* des Sports in Deutschland, die durch die sportrelevanten Nutzen- und Kostenkategorien der öffentlichen Haushalte (Bund, Länder, Gemeinden/Kommunen) sowie die Sozialversicherungsträger operationalisiert wird. Hierzu gehören (1) direkte sportbezogene Einnahmen wie beispielsweise Steuereinnahmen, (2) gesellschaftliche Nutzeneffekte des Sports wie beispielsweise Integrationsleistungen, (3) direkte sportbezogene Ausgaben wie beispielsweise Sportfördermittel sowie (4) der Verzicht auf Einnahmen zur Förderung des Sports wie beispielsweise Steuererleichterungen für Sportvereine. In Abhängigkeit des zugrunde gelegten Sportbegriffs stehen (in 2010) den sportbezogenen direkten Einnahmen in Höhe von bis zu 22,2 Mrd. Euro sportbezogene direkte Ausgaben und Steuermindereinnahmen in Höhe von bis zu 9,9 Mrd. Euro gegenüber (vgl. Abbildung 4).

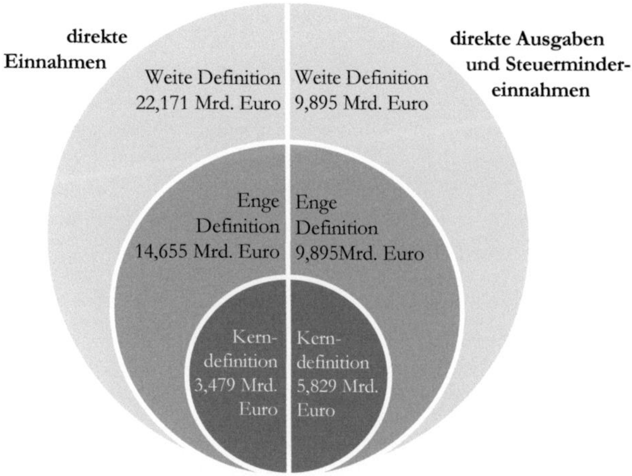

Abb. 4: Sportbezogene direkte Einnahmen und sportbezogene direkte Ausgaben sowie Steuermindereinnahmen der öffentlichen Haushalte in Deutschland 2010 (in Anlehnung an Pawlowski & Breuer, 2012a, S. 7).

Zahlreiche makroökonomisch orientierte Studien beschäftigen sich zudem mit (II) der Messung *wirtschaftlicher Effekte* von Sportgroßevents. Neben Studien, die hierbei makroökonomische Verfahren anwenden (z. B. Baade & Matheson, 2004; Brenke & Wagner, 2007; Maennig, 2007), existieren zahlreiche Studien, die ausgehend von Individualdaten mögliche wirtschaftliche Effekte hochrechnen (z. B. Preuß et al., 2009). Obgleich letztgenannte Ansätze mikroökonomisch geprägt sind, werden die Studien an dieser Stelle genannt, da ihr vordergründiges Erkenntnisinteresse in der Bereitstellung von aggregierten Zahlen liegt.

> Diese sogenannten *Economic Impact* Studien haben eine lange Tradition in der empirischen Sportökonomik. Dies liegt darin begründet, dass Sportgroßevents häufig mit der Vorstellung in eine Stadt oder ein Land „geholt" werden, dass die Austragung einen wahren Geldsegen mit sich bringt und signifikante Arbeitsmarkteffekte zur Folge hat. Wie Daumann (2011) zusammenfasst, scheinen von Sportgroßevents durchaus positive ökonomische Gesamteffekte auszugehen. Die genaue Quantifizierung ist jedoch höchst komplex und fehleranfällig, sodass Studien zu ein und demselben Event durchaus unterschiedliche Ergebnisse erbringen können. Zudem zeigen Feddersen und Maennig (2012; 2013) am Bespiel der FIFA Fußball Weltmeisterschaft 2006 in Deutschland und der Olympischen Sommerspiele 1996 in Atlanta, dass die Arbeitsmarkteffekte (wenn überhaupt vorhanden) lediglich von kurzer Dauer sind.[6]

Neben der Quantifizierung makroökonomischer Gesamteffekte von Sportgroßevents schlagen Pawlowski und Breuer (2012a) Ansätze zur Quantifizierung der *finanzpolitischen Bedeutung* von Sportgroßevents vor. Dabei unterscheiden sie zwischen nachfrage- und

---

[6] Eine Economic Impact Studie mit Ergebnissen zu verschiedenen Sportarten liefern Gans, Horn und Zemann (2003). Simulationsrechnungen zur ökonomischen Bedeutung der FIFA Fußball-Weltmeisterschaft 2006 fasst Kurscheidt (2009) zusammen. Im Rahmen aktueller Studien wird auch versucht, intangible Effekte von Sportgroßevents zu erfassen (vgl. Kavetsos & Szymanski, 2009). Eine Übersicht hierzu ist in Downward et al. (2009, S. 366) zu finden.

angebotsorientierten Ansätzen: „Nachfrageorientierte Methoden beziehen sich auf die Wirtschaftssubjekte, die im Rahmen eines Events Leistungen nachfragen (z. B. Zuschauer) und dafür das vereinbarte Entgelt (welches die Umsatzsteuer enthält) zahlen. Angebotsorientierte Methoden beziehen sich auf Betriebe, die im Rahmen eines Events Leistungen anbieten (z. B. Hotelbetreiber), hierfür das vereinbarte Entgelt erhalten und die Umsatzsteuer an den Staat abführen müssen" (Pawlowski & Breuer, 2012a, S. 293).

3.2 Sportmikroökonomik

Auf mikroökonomischer Ebene gibt es zahlreiche Forschungsarbeiten im Bereich der theoretischen Sportökonomik. Aktuelle Beiträge wurden beispielsweise von Dietl, Lang und Rathke (2011), Garcia-del-Barrio und Szymanski (2009), Gürtler (2007) oder Peeters (2012) verfasst. Ein umfassendes Buch zu „The Economic Theory of Professional Team Sports" liefert Késenne (2007). Eine Betrachtung dieser theoretischen Modelle würde hier allerdings den Rahmen sprengen und den Anspruch eines Einführungskapitels übersteigen. Die folgenden Ausführungen konzentrieren sich daher (wie bei der Sportmakroökonomik) auf die empirischen Arbeiten in diesem Bereich. Dabei können relevante Studien im (I) Spitzensport und (II) Freizeit- und Breitensport unterschieden werden. Die Forschungsarbeiten im *Bereich des Spitzensports* thematisieren sowohl Aspekte des (I-1) Angebots als auch der (I-2) Nachfrage.

Auf (I-1) der Angebotsseite werden beispielsweise *Determinanten der sportlichen Leistung* analysiert. Dabei analysieren Gaede, Kleist und Schlaecke (2002, zusammengefasst von Daumann, 2011) bspw. die Leistung von *Spielern* der Fußball Bundesliga und kommen zu der Erkenntnis, dass zwischen dem Alter und der sportlichen Leistung ein u-förmiger Zusammenhang besteht. Zudem stellen sie fest, dass die Leistung mit zunehmender Erfahrung steigt und zwischen der Leistung und dem Marktwert eines Spielers ebenfalls ein signifikant positiver Zusammenhang besteht.[7] Frick, Barros und Prinz (2010)

[7] Emrich et al. (2012) analysieren die Determinanten sportlicher Leistung auf aggregierter Ebene. Sie finden heraus, dass die Bevölkerungs-

untersuchen mit Daten der Jahre 1981/82 bis 2002/03 Faktoren, die eine frühzeitige Entlassung von *Trainern* in der Fußball Bundesliga beeinflussen. Sie kommen u.a. zu der Erkenntnis, dass ein höheres Gehalt des Trainers und ein teurerer Spielerkader die Wahrscheinlichkeit einer Entlassung des Trainers erhöhen. Dies kann mit den dabei einhergehenden höheren Erwartungen hinsichtlich des sportlichen Erfolgs in Verbindung gebracht werden. In einer weiteren Analyse finden Frick und Simmons (2008) heraus, dass die Anstellung von qualitativ hochwertigen Trainern mit einer gesteigerten Punkteausbeute und damit einer verbesserten *Teamleistung* einhergeht und Trainer in der Fußball Bundesliga unterhalb ihres Wertgrenzproduktes entlohnt werden.

Der *Spielermarkt* und seine zahlreichen Regulierungen (insbesondere in den nordamerikanischen Profiligen) stehen ebenfalls im Fokus bisheriger Forschungsarbeiten. Im europäischen Raum konzentrieren sich die Arbeiten dabei insbesondere auf das Bosman-Urteil, seit dem Transferentschädigungen (Ablösesummen) nach Ablauf eines Spielervertrags nur noch in Ausnahmefällen verlangt werden dürfen und die Beschränkung auf drei ausländische Spieler in den Mannschaften aufgelöst wurde (vgl. Daumann, 2011). Wie Frick (2007) verdeutlicht, fiel der Anteil der in Deutschland geborenen Spieler in der Fußball-Bundesliga nach dem Urteil 1995 von rund 80% auf rund 45% massiv ab. Darüber hinaus zeigen Flores, Forrest und Tena (2010) für elf europäische Profifußball-Ligen, dass die durch das Bosman-Urteil ausgelöste Spielermobilität einen positiven Einfluss auf die Wettbewerbsintensität innerhalb der Ligen hatte.

Die Bestimmung von *Trends in der Wettbewerbsintensität* von Sport-Ligen bildet ein weiteres zentrales Forschungsfeld der Sportökonomik. Es ist eng verbunden mit der empirischen Überprüfung der

---

größe eines Landes positiv mit der Leistung während der Olympischen Sommerspiele und das Bruttoinlandsprodukt (pro Kopf) eines Landes positiv mit der Leistung während der Olympischen Winterspiele korrelieren. Obgleich der Beitrag methodisch eher der Sportmakroökonomik zuzuordnen ist, wird er aufgrund der inhaltlichen Passung an dieser Stelle erwähnt.

Unsicherheitshypothese sportlicher Wettbewerbe. Genau genommen handelt es sich dabei um zwei Seiten ein und derselben Medaille. Die Wettbewerbsintensität oder Competitive Balance (CB) wird in Anlehnung an Cairns, Jennett und Sloane (1986) in drei verschiedenen Dimensionen gemessen. Die *kurzfristige* Dimension thematisiert die Unsicherheit des Spielausgangs und wird häufig mit Indikatoren, die die Wettquoten oder Tabellenplatzierungen verwenden, gemessen. Die *mittelfristige* Dimension thematisiert die Unsicherheit des Meisterschaftskampfs und im europäischen Raum zusätzlich die Unsicherheit des Kampfs um die Qualifikationsplätze für die UEFA Champions und Europa Leagues ebenso wie die Unsicherheit des Abstiegskampfs. Die *langfristige* Dimension besteht aus der Team- und der Saison-Komponente. Bei der Team-Komponente geht es um die Leistung einzelner Teams im Zeitverlauf. Hier stellt sich die Frage, ob immer wieder dieselben Teams um die Meisterschaft, die Qualifikation für die Europapokalplätze und gegen den Abstieg kämpfen, oder ob Abwechslung im Zeitverlauf gegeben ist. Bei der Saison-Komponente fällt der Blick auf die Abschlusstabellen aufeinander folgender Spielzeiten. Hier stellt sich die Frage, wie sich die Leistungsunterschiede der Teams im Endtableau im Zeitverlauf entwickelt haben. Ein umfassendes Maß zur Erfassung der langfristigen Spannungsdimension, welches sowohl die Team- als auch die Saison-Komponente abbildet, ist das von Humphreys (2002) entwickelte Competitive Balance Ratio (CBR). Das CBR nimmt Werte zwischen Null und Eins an und ist umso größer, je ausgeglichener der Wettbewerb ist. Durch einen Vergleich der CBR-Werte vor und nach der Jahrtausendwende zeigen Pawlowski, Breuer und Hovemann (2010), dass die Spannung in den europäischen Top-5-Profifußball-Ligen von Deutschland, England, Frankreich, Italien und Spanien nach der Jahrtausendwende signifikant abgenommen hat, da sich die Topteams entweder immer weiter von den anderen Teams absetzen konnten und/oder ihre Leistungen konstanter wurden (vgl. Abb. 5). Diese Entwicklung kann (u. a.) mit der massiven Einnahmensteigerung der an der UEFA Champions League teilnehmenden Vereine seit der Jahrtausendwende erklärt werden (vgl. Abb. 6).

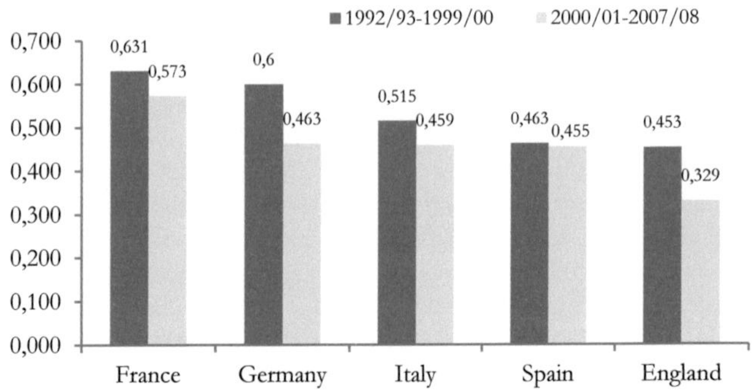

Abb. 5: Das CBR der Top-5-Teams in den Top-5-Ligen Europas vor und nach der Jahrtausendwende (in Anlehnung an Pawlowski, Breuer & Hovemann, 2010, S. 198).

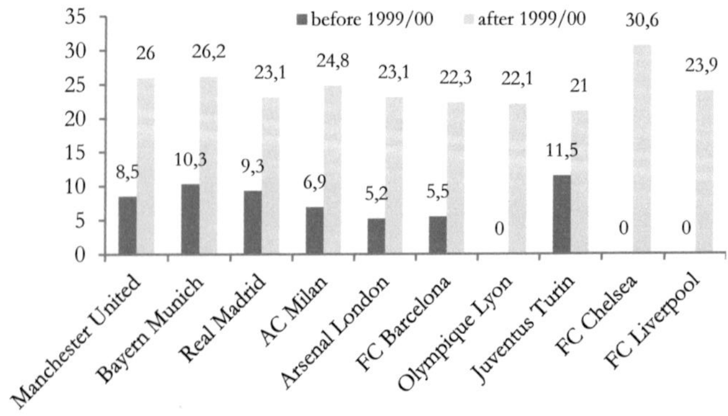

Abb. 6: Die durchschnittlichen UEFA Champions League Einnahmen ausgewählter Teams vor und nach der Jahrtausendwende (in Anlehnung an Pawlowski, Breuer & Hovemann, 2010, S. 198).

Auf (I-2) der *Nachfrageseite* werden beispielsweise *Determinanten der Zuschauernachfrage* analysiert. Zentrale Ergebnisse bisheriger empirischer Studien wurden von Breuer, Wicker und Pawlowski (2012, S. 68) zusammengetragen. Sie unterscheiden *ökonomische Faktoren* (Ticketpreis (-), Einkommen (+), Anzahl verfügbarer Substitute (-), Qualität verfügbarer Substitute (+)), *soziodemographische Faktoren* (Anteil ethnischer Minderheiten an der Gesamtbevölkerung (-)), *produktbezogene Faktoren* (Alter des Stadions (+), Qualität des Stadions (-), Größe des Stadions (+), Spieltermin am Wochenende (+), Spannung (+)), *nachfragebezogene Faktoren* (Treue der Fans (+)) sowie *exogene Faktoren* (gutes Wetter (+)).[8]

- Neben der Einflussrichtung des Ticketpreises auf die Nachfrage interessiert zudem die Sensibilität der Nachfragereaktion. Zur Messung der Reagibilität der Nachfragemenge eines Guts auf Änderung seines Preises wird das Konzept der *Preiselastizität der Nachfrage* verwendet (vgl. Mankiw & Taylor, 2008). Die Preiselastizität der Nachfrage (ε) entspricht dem Verhältnis aus prozentualer Mengenänderung und prozentualer Preisänderung. Eine Preiselastizität von Eins ($\varepsilon=1$) bedeutet, dass beispielsweise eine 10-prozentige Preiserhöhung mit einem 10-prozentigen Nachfragerückgang einhergeht. Hat die Preiselastizität einen Wert kleiner Eins ($\varepsilon<1$), würde eine 10-prozentige Preiserhöhung mit einem Nachfragerückgang von *unter* 10 Prozent einhergehen. Entsprechend wird eine Nachfragereaktion bei $\varepsilon<1$ unelastisch genannt. Hat die Preiselastizität einen Wert größer Eins ($\varepsilon>1$), würde eine 10-prozentige Preiserhöhung mit einem Nachfragerückgang von *über* 10 Prozent einher. Entsprechend wird eine Nachfragereaktion bei $\varepsilon>1$ elastisch genannt. Die Kenntnis der Preiselastizität der Nachfrage ist für Ökonomen von besonderem Interesse. Bei unelastischen Nachfragereaktionen könnte der Umsatz durch eine Erhöhung des Preises gesteigert werden. Eine Preissenkung wäre hingegen bei elastischen

---

[8] In den Klammern ist dabei die jeweilige Einflussrichtung angedeutet [(+) positiver Einfluss; (-) negativer Einfluss]. Aufgrund ihrer zentralen Bedeutung bei gleichzeitig kontroversen Studienergebnissen werden die Faktoren Ticketpreis und Spannung im Folgenden näher betrachtet.

Nachfragereaktionen umsatzsteigernd. Die Mehrheit der empirischen Studien im Profisport kommt zu dem Ergebnis, dass die Ticketpreiselastizität zwar kleiner (aber dennoch nahe) Eins ist (vgl. Késenne, 2009). Dies interpretieren einige Wissenschaftler als Indiz dafür, dass die Verantwortlichen in Profisportvereinen durchaus gewinnorientiert agieren (z. B. Noll, 1974). Késenne (2009, S. 607) weist allerdings darauf hin, dass das Konzept der Elastizität eher ungeeignet ist, um die Gewinnorientierung von Profisportvereinen zu belegen und nennt dafür vier Gründe:

[1] Die Ticketeinnahmen machen heutzutage teilweise weniger als 30% der Einnahmen eines Profisportvereins aus. Da andere Einnahmearten wie beispielsweise Sponsoring positiv mit der Zuschauerzahl korrelieren, kann es durchaus auch gewinnmaximierend sein, wenn der Ticketpreis in einem Bereich $\varepsilon<1$ gesetzt wird, um das Stadion zu füllen.

[2] Wenn die Grenzkosten eines zusätzlichen Besuchers nicht Null sind, kann die gewinnmaximierende Preiselastizität auch größer Eins sein.

[3] Vereine, die sehr beliebt sind, haben eine Überhangnachfrage nach Tickets. Sie können ihre Ticketpreise auch über das optimale Preisniveau anheben.

[4] Schließlich ist zu bedenken, dass mit dem Besuch eines Spiels mehr Ausgaben als nur für ein Ticket verbunden sind. Einige dieser Ausgaben (z. B. für Getränke, Essen und Merchandising-Produkte) stellen weitere Einnahmequellen für den Verein dar. Insofern kann es auch aus diesem Grund gewinnmaximierend sein, wenn der Ticketpreis in einem Bereich $\varepsilon<1$ gesetzt wird.

- Neben dem Ticketpreis ist die Bedeutung von Spannung und knappen Spielausgängen die bisher sportökonomisch am häufigsten untersuchte Einflussgröße auf die Stadion- und Live-TV-Nachfrage. Die eingangs in diesem Kapitel erläuterte Unsicherheitshypothese wurde bereits in zahlreichen Studien empirisch überprüft. Obgleich die Unsicherheitshypothese häufig als Rechtfertigung für zahlreiche Regulierungsmaßnahmen im Profisport dient, sind bisherige empirische Befunde nicht eindeutig. Zwar hat die mittelfristige Spannungsdimension – also die Relevanz des Spiels für einzelne Wettbewerbe – tendenziell einen signifikanten (positiven) Einfluss auf die Zuschauernachfrage (vgl. z. B. Pawlowski & Anders, 2012). Hinsichtlich der kurz- und langfristigen Spannungsdimensionen widersprechen die meisten empirischen Befunde allerdings der Unsicherheitshypothese: Häufig werden negative Korrelationen zwischen der kurzfristigen Spannung und der Anzahl an Stadionbesuchen gefunden. Zudem geht die abnehmende langfristige Wettbewerbsintensität beispielsweise in der Fußball Bundesliga mit einer stetig steigenden Zuschauerzahl einher – ebenfalls ein Befund, der der Unsicherheitshypothese konträr gegenüber steht. Für diese zunächst kontra-intuitiven Befunde werden verschiedene Gründe angeführt. So finden Pawlowski und Anders (2012) heraus, dass sich hinter dem scheinbar negativen Einfluss der kurzfristigen Spannung auf die Anzahl an Stadionbesuchern ein überlagerter Effekt verbirgt: Die Anzahl an Stadionzuschauern steigt, wenn attraktive Teams (mit einer starken Marke) zu Gast sind. Teams mit einer starken Marke sind in der Regel auch sportlich überlegen, sodass die Wettquoten (*a priori*) ein unausgeglichenes Spiel (mit Vorteilen und höheren Siegchancen für die Gastmannschaft) erwarten lassen. Auch Coates, Humphreys und Zhou (2014) argumentieren mit einem überlagerten Effekt. Ihr Hauptargument bezieht sich allerdings nicht auf die anziehende Wirkung von starken Marken, sondern darauf, dass Fans einen größeren Nutzen aus Überraschungserfolgen ziehen. Folglich wäre ein favorisiertes Auswärtsteam besonders attraktiv, da damit die Möglichkeit eines *überraschenden* Heimsiegs einhergeht. Eine mögliche Erklärung für die zunächst kontraintuitiven Befunde hinsichtlich der Bedeutung der langfristigen Wettbewerbsintensität liefert Szymanski (2001). Er argumentiert, dass nur ein Teil der Sportinteressierten (die neutralen Zuschauer) Sportereignisse vordergründig aus dem Spannungsmotiv anschauen. Fans bevorzugen hingegen den sportlichen Erfolg des favorisierten Teams. Dies impliziert einen Trade-off zwischen den Zuschauerinteressen, was – abhängig vom relativen Anteil der Zuschauergruppen – zu Unterschieden hinsichtlich des wohlfahrtsoptimalen Niveaus an CB führt. Zudem ist eine gewisse Unausgeglichenheit dann wohlfahrtsfördernd, wenn Teams mit vielen Fans (einem großen Markt) häufiger gewinnen als Teams mit wenigen Fans (einem kleinen Markt). Letzt genanntes Argument kann als Erklärung herangezogen werden, warum die Gesamtzuschauerzahl in der englischen Premier League – trotz zunehmender Dominanz durch eine geringe Anzahl von Spitzenteams – in den letzten Jahren kontinuierlich gestiegen ist. In einer aufbauenden Analyse vergleicht Szymanski (2001) die Zuschauerzahlen in England bei Spielen von Teams *innerhalb* derselben Liga (1.-4. Liga) je nachdem ob die Teams in der Liga oder im FA Cup-Wettbewerb aufeinandertreffen. Während die Zuschauerzahlen bei FA Cup-Paarungen im Vergleich zu identischen Liga-Paarungen zu Beginn der Analyse (1977/78) rund 43% höher waren, nahm dieser Anteil im Zeitverlauf kontinuierlich ab. Dies führt Szymanski (2001) auf die (aufgrund der zunehmenden finanziellen Unterschiede der Teams *zwischen* den Ligen) zunehmende Unausgeglichenheit des FA Cup-Wettbewerbs zurück. Seinen Ergebnissen zufolge ist also ein Zusammenhang zwischen langfristiger CB und den Zuschauerzahlen dann erkennbar, wenn das Ausmaß an Unausgeglichenheit des untersuchten Wettbewerbs sehr hoch ist. Pawlowski (2013a; 2013b) geht in diesem Zusammenhang der Frage nach, ob ein aus Zuschauersicht problematisches Ausmaß an Unausgeglichenheit in den europäischen Ligawettbewerben eventuell noch nicht erreicht wurde. Dies wäre (ergänzend zu den theoretischen Argumenten von Szymanski, 2001) eine mögliche weitere Erklärung für die fehlenden empirischen Beweise zur Bedeutung der UOH in den Ligawettbewerben. Tatsächlich zeigt seine Erfassung bedingter Konsumabsichten mit Hilfe einer potentialbezogenen (*stated preferences*) Analyse, dass Fans ab einem bestimmten (bisher noch nicht erreichten) Grad sensibel auf Veränderungen der Wettbewerbsintensität in einer Liga reagieren würden. „Dabei reagiert die Nachfrage im Bereich der hohen und niedrigen Spannungsgrade sehr unelastisch auf Veränderungen der Wettbewerbsintensität. Darüber hinaus hat die Spannung für rund 25–30% der Befragten überhaupt keinen Einfluss auf die Konsumentscheidung oder das Interesse an der Liga“ (Pawlowski, 2013b, S. 6). Die Abbildungen 7 und 8 zeigen beispielhaft die geschätzten Stadionnachfragefunktionen in Abhängigkeit vom subjektiv wahrgenommenen Spannungsgrad für die drei untersuchten Ligen in Dänemark, Deutschland und den Niederlanden.

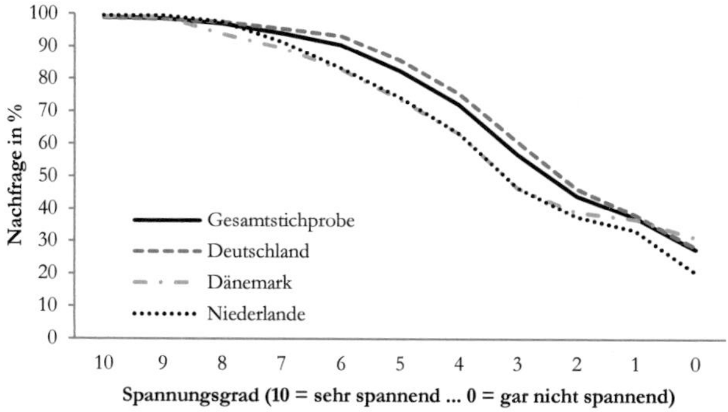

Abb. 7: Stadionnachfragefunktionen in Abhängigkeit vom absoluten wahrgenommenen Spannungsgrad (in Anlehnung an Pawlowski, 2013b, S. 8).

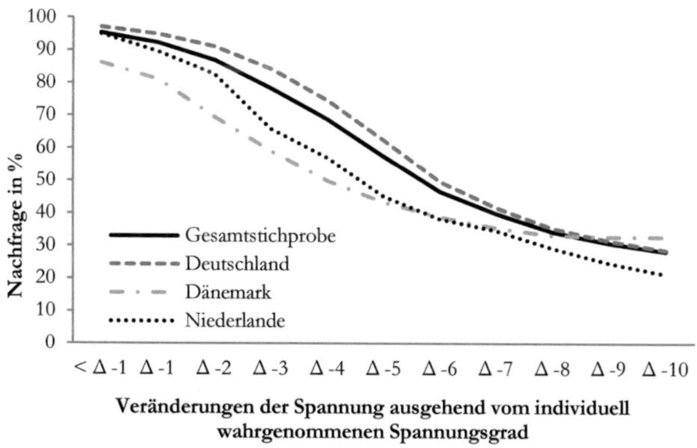

Abb. 8: Stadionnachfragefunktionen in Abhängigkeit vom individuell wahrgenommenen Spannungsgrad (in Anlehnung an Pawlowski, 2013b, S. 8).

Aufbauende Analysen wurden von Pawlowski und Budzinski (2013) durchgeführt. Sie kommen zu dem Ergebnis, dass Fans zur Aufrechterhaltung der Spannung sogar grundsätzlich bereit sind, mehr Geld für ihr Stadionticket zu zahlen. Die Studien zeigen allerdings, dass diesbezüglich signifikante Unterschiede zwischen den untersuchten Ligen in Deutschland, Dänemark und den Niederlanden existieren.

> Ein Großteil der sportökonomischen Forschungsarbeiten zum Spitzensport in Europa ist bisher auf den Profifußball fokussiert. Sogar ganze sportökonomische Lehrbücher thematisieren die Ökonomik des Profifußballs (ein hervorragendes Buch wurde von Dobson und Goddard (2011) erarbeitet). Darin spiegelt sich die übermächtige wirtschaftliche (und auch gesellschaftliche) Relevanz des Fußballs in Europa im Vergleich zu anderen Sportarten wider. Hier wäre zukünftig eine diversifizierte Analyse auch in anderen Sportarten erkenntnisfördernd.

Die mikroökonomischen Studien *im Bereich (II) Freizeit- und Breitensport* thematisieren ebenfalls sowohl Aspekte des Angebots als auch der Nachfrage. Auf (II-1) der *Angebotsseite* wird beispielsweise die Situation der Sportvereine in Deutschland analysiert (Sportentwicklungsbericht, vgl. Breuer, 2013) oder auf betriebswirtschaftliche Facetten wie die Finanzierung von Sportvereinen näher eingegangen (z.B. Wicker et al., 2013). Auf (II-2) der *Nachfrageseite* werden sowohl die Einflussfaktoren als auch die Effekte von Freizeit- und Breitensport untersucht:

- Im Fokus der meisten mikroökonomischen Forschungsarbeiten stand bisher die Analyse von *Einflussfaktoren* auf das *individuelle Sporttreiben*. Übersichten zu bisherigen Studienergebnissen, die z. T. auch auf soziologische oder psychologische Theorien zurückgreifen, sind in Downward et al. (2009) sowie Breuer, Hallmann und Wicker (2011) zu finden. Beispielsweise wurde herausgefunden, dass ältere Menschen weniger Sport treiben als jüngere Menschen (z. B. Breuer et al., 2010), Männer im Vergleich zu Frauen sportlich aktiver sind (z. B. Humphreys & Ruseski, 2007), höhere Bildung (z.B. Scheerder et al., 2006) sowie höheres Einkommen (z. B. Farrell & Shields, 2002) zu vermehrtem Sporttreiben führen und die verfügbare Infrastruktur (z. B. Wicker, Breuer & Pawlowski, 2009) sowie deren Erreichbarkeit (z. B. Pawlowski et al., 2009) einen Einfluss auf das individuelle Sporttreiben haben. Hinsichtlich Bildung und Einkommen existieren allerdings mittlerweile Zweifel, ob dies tatsächlich „Determinanten" des Sporttreibens sind. Eine positive Korrelation zwischen Bildung und Sporttreiben oder Einkommen und Sporttreiben ist zwar unbestritten. Studien jüngeren Datums, die den Fokus auf die Identifikation der Effektrichtung legen, liefern allerdings empirische Evidenz dafür, dass Sporttreiben zu Bildungs- und Arbeitsmarkterfolgen führen kann. Folglich kann individuelles Sporttreiben u. a. zu einem höheren persönlichen Einkommen führen (vgl. Lechner, 2009). Ein ähnliches Problem betrifft die Identifikation möglicher Gesundheits- und Zufriedenheitseffekte durch Sporttreiben (vgl. Pawlowski, Downward & Rasciute, 2011).

- Wenngleich weitaus weniger häufig, wurde neben dem Sporttreiben zudem das *Ausgabenverhalten im Sportbereich* analysiert. Eine Übersicht zu bisherigen Studien, die entweder die Höhe der individuellen Sportausgaben oder deren Einflussfaktoren analysiert haben, findet sich in Pawlowski und Breuer (2012c) (vgl. auch Pawlowski & Breuer, 2011; 2012b). Da die Ausgabenkategorien in den bisherigen Studien jedoch unterschiedlich stark aggregiert wurden und sowohl personen- als auch haushaltsbezogene Ausgaben untersucht wurden, sind die bisherigen Forschungsergebnisse kaum vergleichbar. Ein spezielles Erkenntnisinteresse im Rahmen der Analysen zum Ausgabenverhalten liegt in der Abschätzung der Sensibilität der Nachfragereaktionen auf Einkommensänderungen. In Analogie zum Konzept der Preiselastizitäten der Sportnachfrage kann entsprechend die Einkommenselastizität der Nachfrage gemessen werden. Wenn beispielsweise ein 10-prozentiger Einkommensanstieg mit einer *mehr* als 10-prozentigen Ausgabensteigerung für ein bestimmtes Gut einhergeht (Einkommenselastizität $\varepsilon>1$), handelt es sich um ein Luxusgut. Branchen, in denen derartige Güter produziert werden, gelten (bei steigenden Reallöhnen) entsprechend als Wachstumsbranchen. Bei einem (nur) unterproportionalen Anstieg der Ausgaben ($0<\varepsilon<1$) wird hingegen von Grundgütern gesprochen. In Abhängigkeit von der verwendeten Methodik können Sport- und Freizeitdienstleistungen als Grundgüter (0<ε<1) oder Luxusgüter (ε>1) klassifiziert werden (vgl. Abbildung 9).

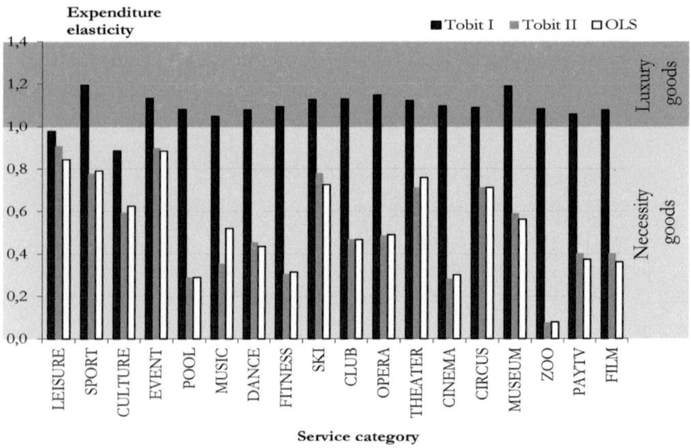

Abb. 9: Bedingte Ausgaben-/Einkommenselastizitäten für Sport- und Freizeitdienstleistungen (in Anlehnung an Pawlowski & Breuer, 2012b, S. 3475).

4 Verhältnis zur Sportpraxis

Wie bei allen wissenschaftlichen Disziplinen gibt es auch im Bereich der Sportökonomik ein in Abhängigkeit vom Forschungsthema unterschiedlich ausgeprägtes Zusammenspiel zwischen Wissenschaft und Sportpraxis. Einerseits gibt es Grundlagenforschungsarbeiten, deren Ergebnisse zwar nicht unmittelbar in der Praxis Anwendung finden, deren Erkenntnisse aber grundlegend für hierauf aufbauende, konkretere Forschungsvorhaben in Kooperation mit verschiedenen Interessenten aus der Sportpraxis sein können. Beispiele für derartige Grundlagenforschungsarbeiten liefern das zuvor beschriebene Forschungsprojekt zur Bedeutung von Spannung in Sportwettbewerben (vgl. Pawlowski, 2013b) oder das Forschungsprojekt zu den wirtschaftlichen Auswirkungen des UEFA-Reglements zur Klublizenzierung und zum FFP von Markus Lang (vgl. Franck & Lang, 2013), welche im Rahmen des UEFA Research Grant Programme gefördert wurden. Allein die Tatsache, dass Institutionen wie die UEFA eigene Stipendienprogramme ausloben, zeigt, dass das Interesse seitens der Sportpraxis nicht nur an einer wissenschaftsbasierten Beratung, sondern auch an einer Förderung sportökonomischer Grundlagenforschung gegeben ist.

Neben Grundlagenforschungsstudien gibt es andererseits immer wieder sportökonomische Studien, die von der Sportpraxis – z. B. Sportverbänden und -vereinen – oder der Sportpolitik (z. B. dem Bundesinstitut für Sportwissenschaft) mit einer bestimmten Fragestellung gezielt in Auftrag gegeben werden. Hierzu gehören beispielsweise auch die zuvor erwähnten Forschungsarbeiten im Rahmen des europaweiten Projekts „Satellitenkonto Sport“ (vgl. z. B. Preuß et al., 2012) und der Sportentwicklungsbericht (Breuer, 2013).

Insgesamt hat sich in den vergangenen Jahren zwischen Sportökonomik sowie Sportpraxis und Sportpolitik ein immer dichteres Netzwerk entwickelt, welches den Austausch von Informationen und die Möglichkeit der Kooperation begünstigt. Dies wird sich zukünftig voraussichtlich sowohl durch den zunehmenden Austausch auf Fachkonferenzen als auch durch die zunehmende Anzahl an gut ausgebildeten Absolventen der einschlägigen sportökonomischen Studiengänge in relevanten Sportmanagementpositionen weiter verbessern.

Im Folgenden wird beispielhaft erläutert, welche Relevanz die wissenschaftlichen Erkenntnisse aus dem Bereich der Sportökonomik für die Praxis haben. Das erste Beispiel bezieht sich auf die Planung von Sportstätten im Freizeit- und Breitensportbereich. Das zweite Beispiel bezieht sich auf die Regulierung im Spitzensport.

4.1 Beispiel: Sportstättenplanung

In Anbetracht der zunehmenden Knappheit öffentlicher Mittel stellt sich grundsätzlich die Frage, wie diese möglichst effektiv und effizient investiert werden können. Mit 3,7 Mrd. Euro (in 2010) fließt mehr als ein Drittel der sportbezogenen öffentlichen Ausgaben in den Bereich Sportstätten (vgl. Pawlowski & Breuer, 2012). Eine grundlegende Entscheidung bei der Verteilung der Gelder betrifft dabei die Standortwahl der Sportstätten: Sollen eher wenige große Sportstätten oder viele kleine Sportstätten gebaut werden? Aus Kostengesichtspunkten hätten wenige große Sportstätten insbesondere beim Betrieb Effizienzvorteile gegenüber vielen kleinen Sportstätten. Allerdings gehen wenige große Sportstätten mit einem vergleichsweise längeren Anreiseweg für die Freizeit- und Breitensportler einher. Dies wäre aus sportpolitischer Sicht dann problematisch, wenn längere Anreisezeiten zu einem reduzierten Sporttreiben führen würden.

Pawlowski et al. (2009) untersuchen in diesem Zusammenhang erstmals die Reisebereitschaft (Zeiteinsatz) von Sporttreibenden zur nächstgelegenen Sportstätte. Sie finden heraus, dass das individuelle Sporttreiben von der Anreisezeit (negativ) beeinflusst wird. Steinmayr, Felfe und Lechner (2011) analysieren die Bedeutung der Entfernung zur Sportstätte für das individuelle Sporttreiben der Kinder. Sie finden heraus, dass die Entfernung zu Sportstätten in Kleinstätten und auf dem Land einen negativen Einfluss auf das Sporttreiben von insbesondere Kindergartenkindern hat.

Insofern wurde empirisch belegt, dass die Bereitstellung von wenigen großen (aus Sicht der Sporttreibenden) weiter entfernten Sportstätten mit einem geringeren Sporttreiben einhergeht. Dies gilt es (neben den Kostenüberlegungen) im Rahmen der Entscheidungsfindung zu beachten.

4.2 Beispiel: Regulierung im Spitzensport

Wie Szymanski (2001) am Beispiel des FA Cups in England zeigt, können zunehmend unausgeglichene Sportwettbewerbe durchaus zu Nachfragerückgängen führen. Darüber hinaus könnten einige europäische Ligen (wie die dänische Superligaen) zukünftig bei einem weiteren Absinken der Wettbewerbsintensität von einem Nachfragerückgang betroffen sein, da das Ausmaß an Unausgeglichenheit von den Fans teilweise bereits als „problematisch" eingestuft wird (Pawlowski, 2013a; 2013b).

Die in den Profiligen weit verbreiteten Regulierungsmaßnahmen wie Gehaltsobergrenzen (*Salary Caps*), Nachwuchsrekrutierungs-Regeln (*Entry Draft*) und Einnahmenumverteilungs-Regeln (*Revenue Sharing*) scheinen entsprechend auf den ersten Blick mit dem Motiv der „Aufrechterhaltung einer gewissen Wettbewerbsintensität" begründbar zu sein. Aber sind diese Regulierungsmaßnahmen tatsächlich effektiv?

Fort und Quirk (1995) fassen die Ergebnisse ihrer Analysen zu den Major Leagues diesbezüglich ernüchternd zusammen: "*an enforceable salary cap is the only one of the cross-subsidization schemes currently in use that can be expected to accomplish this while improving competitive balance in a league*". Auch Peeters (2011; 2012) findet keinen signifikant positiven Effekt von der Zentralvermarktung und anschließende Umverteilung der Medienrechteeinnahmen auf die Wettbewerbsintensität innerhalb einer Liga ("*in European soccer, collective sales do not increase competitive balance as compared to individual sales*"). Dies begründet er damit, dass die Verteilungsschlüssel in der Regel die sportlich erfolgreichen Teams bevorzugen. Damit kann ein Auseinanderdriften der finanziellen und sportlichen Leistungsfähigkeit der Teams innerhalb einer Liga nicht umgekehrt, sondern (wenn überhaupt) nur verlangsamt werden. Ausgehend von diesen Befunden gilt es die Regulierungsmaßnahmen im Spitzensport kritisch zu reflektieren und entsprechende Modifikationsmöglichkeiten zu erarbeiten.

Kontrollfragen

[1] In der ökonomischen Auseinandersetzung mit Phänomenen des Sports ist häufig von Sportökonomie, Sportökonomik und Sportmanagement die Rede. Inwiefern können diese Begriffe voneinander abgegrenzt werden?

[2] Die Sportökonomik hat sich mittlerweile als eigenständige Wissenschaftsdisziplin etabliert. Welche Besonderheiten des Sports rechtfertigen die Eigenständigkeit der Sportökonomik?

[3] Sportökonomik fokussiert makro- und mikroökonomische Phänomene des Sports. Welche Themen werden im Rahmen der Sportmakroökonomik und der Sportmikroökonomik bearbeitet?

[4] Preiselastizitäten spielen u. a. für die Ticketpreisgestaltung im Profisport eine Rolle. Was misst die Preiselastizität der Nachfrage? Welche empirischen Befunde zur Ticketpreiselastizität liegen vor? Warum kann die Gewinnorientierung von Sportvereinen nicht mit den empirischen Befunden zur Ticketpreiselastizität belegt werden?

[5] Mit Hinweis auf die Unsicherheitshypothese werden zahlreiche Regulierungsmaßnahmen im Profisport begründet. Was besagt die Unsicherheitshypothese? Welche empirischen Befunde zur Unsicherheitshypothese liegen vor?

[6] Mikroökonomische Studien setzen sich u. a. mit Fragen zu Angebot und Nachfrage im Freizeit- und Breitensport auseinander. Welche Einflussfaktoren auf das individuelle Sporttreiben kennen Sie? Sind „Bildungsniveau" und „Einkommen" Einflussfaktoren auf oder Effekte von individuellem Sporttreiben?

Literatur

Anders, G. (1995). Arbeitsmarkt Sport. In J. Kozel (Hrsg.), *20 Jahre Trainerakademie. Internationales Trainersymposium* (S. 62-79). Köln : Sport und Buch Strauss.

Andreff, W. (1980). La gestion de l`association sportive`. In R. Thomas (ed.), *Sport et Sciences* (p. 165-187). Paris: Vigot.

Andreff, W., Bourg, J. F., Halba, B. & Nys, J. F. (1995). *Les enjeux économiques du sport en Europe: Financement at impact économique*. Paris: Dalloz.

Andreff, W. & Nys, J.-F. (1984). Le dirigeant sportif bénévole: approche économique. In F. Alaphilippe & E. Bournazel (eds.), *Le dirigeant sportif bénévole* (p. 16-32). Paris: Dalloz.

Andreff, W. & Szymanski, S. (2009). Introduction: sport and economics. In W. Andreff & S. Szymanski (eds.), *Handbook on the economics of sport* (p. 601-609). Cheltenham: Edward Elgar.

Baade, R. A. & Matheson, V. A. (2004). The Quest for the Cup: Asessing the Economic Impact of the World Cup. *Regional Studies, 38* (4), 343-354.

Bird, P.J. (1982). The demand for league football. *Applied Economics, 14* (6), 637-649.

Bourdieu, P. (1979). *La distinction. Éléments pour une critique sociale du jugement.* Paris: Éditions de Minuit.

Brenke, K. & Wagner, G. (2007). *Zum volkswirtschaftlichen Wert der Fußball-Weltmeisterschaft 2006 in Deutschland. Research Notes 19.* Berlin: Deutsches Institut für Wirtschaftsforschung.

Breuer, C. (Hrsg.) (2013): Sportentwicklungsbericht 2011/2012 – Analyse zur Situation der Sportvereine in Deutschland. Köln: Sportverlag Strauß.

Breuer, C. & Thiel, A. (2005). Sportmanagement – eine Einführung. In C. Breuer & A. Thiel (Hrsg.), *Handbuch Sportmanagement* (S. 8-13). Schorndorf: Hofmann.

Breuer, C., Hallmann, K., Wicker, P. & Feiler, S. (2010). Socio-economic patterns of sport demand and ageing. *European Review of Aging and Physical Activity, 7*, (2), 61-70.

Breuer, C., Hallmann, K. & Wicker, P. (2011). Determinants of sport participation in different sports. *Managing Leisure, 16* (4), 269-286.

Breuer, Ch. & Hallmann, K. (2011). *Die gesellschaftliche Relevanz des Spitzensports in Deutschland.* Bundesinstitut für Sportwissenschaft. Köln: Sportverlag Strauß.

Breuer, C., Wicker, P. & Pawlowski, T. (2012). Der Wirtschafts- und Wachstumsmarkt Sport. In G. Nufer & A. Bühler (Hrsg.), *Management und Marketing im Sport. Betriebswirtschaftliche Grundlagen und Anwendungen der Sportökonomie* (S. 61-68). Berlin: Erich Schmidt.

Bundesministeriums für Wirtschaft und Technologie (2012). Monatsbericht 02-2012. Zugriff am 01.02.2013 unter http://www.bmwi.de/Dateien/BMWi/PDF/Monatsbericht/Auszuege/02-2012-I-4,property=pdf,bereich=bmwi2012,sprache=de,rwb=true.pdf

Büch, M. P. & Schellhaaß, H. M. (1978). Ökonomische Aspekte der Transferentschädigung im bezahlten Mannschaftssport. *Jahrbuch für Sozialwissenschaft, Jg.*, 255-274.

Cairns, J. P., Jennett, N., & Sloane, P. (1986). The economics of professional team sports: A survey of theory and evidence. *Journal of Economic Studies, 13* (1), 380.

Coates, D., Humphreys, B. & Zhou, L. (2014). Outcome Uncertainty, Reference-Dependent Preferences and Live Game Attendance. *Economic Inquiry* (forthcoming).

Daumann, F. (2011). *Grundlagen der Sportökonomie.* Konstanz und München: UTB.

Dietl, H. M . (2011). Besonderheiten des Sports – Was rechtfertigt eine „eigene Ökonomie"? In E. Emrich, C. Pierdzioch & M.-P. Büch (Hrsg.), *Europäische Sportmodelle. Gemeinsamkeiten und Differenzen in international vergleichender Perspektive* (S. 17-35). Schorndorf: Hofmann.

Dietl, H. M., Lang, M. & Rathke, A. (2011). The combined effect of salary restrictions and revenue sharing in sports leagues. *Economic Inquiry, 49* (2), 447–463.

Dobson, S. & Goddard, J. (2011). *The economics of football.* Cambridge: University Press.

Downward, P., Dawson, A. & Dejonghe, T. (2009). *Sports economics: theory, evidence and policy.* Oxford: Butterworth-Heinemann.

Downward, P., Pawlowski, T. & Rasciute, S. (2013). Does associational behaviour raise social capital? A cross country analysis of trust. *Eastern Economic Journal,* doi: 10.1057/eej.2013.26

Drees, N. (1989). Charakteristika des Sportsponsoring. In A. Hermanns (Hrsg.), *Sport- und Kultursponsoring* (S. 151-168). München: Vahlen.

Dreyer, A. (1986). *Werbung im und mit Sport.* Göttingen: Verlag Cognos-Inst..

Emrich, E., Klein, M., Pitsch, W. & Pierdzioch, C. (2012). On the determinants of sporting success – A note on the Olympic Games. *Economics Bulletin, 32* (3), 1890–1901.

Fahrner, M. (2012). *Grundlagen des Sportmanagements.* München: Oldenbourg.

Farrell, L., & Shields, M.A. (2002). Investigating the economic and demographic determinants of sporting participation in England. *Journal of Royal Statistics Society A, 165*, 335-348.

Feddersen, A. & Maennig, W. (2012). Mga-Events and Sectoral Employment: The Case of the 1996 Olympic Games. *Contemporary Economic Policy, 31*(3), 580-603.

Feddersen, A. & Maennig, W. (2013). Sectoral labour market effects of the 2006 FIFA World Cup. *Labour Economics, 19*(6), 860-869.

Flores, R., Forrest, D. & Tena, J. D. (2010). Impact on competitive balance from allowing foreign players in a sports league: Evidence from European soccer. *Kyklos, 63* (4), 546-557.

Fort, R. (2003). Sports Economics. Upper Saddle River, New Jersey: Prentice Hall.

Fort, R. & Quirk, J. (1995). Cross-subsidization, incentives, and outcomes in professional team sports leagues. *Journal of Economic Literature, Jg.*, 1265-1299.

Franck, E. & Lang. M. (2013). A Theoretical Analysis of the Influence of Money Injections on Risk Taking in Football Clubs. *University of Zurich Working Paper Series No 1660-1157.*

Freyer, W. (1990). *Sport-Ökonomie oder Ökonomie des Sports? Fragmente zur Bestimmung einer neuen Wissenschaftsdisziplin.* Berlin: Forschungsinstitut für Tourismus und Sport.

Frick, B. (2007). The football players' labor market: Empirical evidence from the major European leagues. *Scottish Journal of Political Economics, 54* (3), 422–446.

Frick, B., Barros, C. & Prinz, J. (2010). Analysing Head Coach Dismissals in the German "Bundesliga" with a Mixed Logit-Appropach. *European Journal of Operational Research, 200*, 151-159.

Frick, B. & Simmons, R. (2008). The impact of managerial quality on organizational performance: Evidence from German soccer. *Managerial and Decision Economics 29*, 593–600.

Gärtner, M. & Pommerehne, W. W. (1978). Der Fußballzuschauer—ein homo oeconomicus? Eine theoretische und empirische Analyse. *Jahrbuch für Sozialwissenschaft,* 88-107.

Gaede, N., Kleist, S. & Schaecke, M. (2002). „Elf Freunde müsst ihr sein?“: Die strategische Entscheidung der Teamzusammensetzung (S. 213-242). In G. Schewe & J. Littkemann (Hrsg.), *Sportmanagement – Der Profi-Fußball aus sportökonomischer Perspektive* (S. 213 – 242), Schorndorf: Hofmann.

Gans, P., Horn, M. & Zermann, C. (2002). *Sportgroßveranstaltungen – ökonomische, ökologische und soziale Wirkungen. Ein Bewertungsverfahren zur Entscheidungsvorbereitung und Erfolgskontrolle.* Schorndorf: Hofmann.

Garcia-del-Barrio, P. & Szymanski, S. (2009). Goal! Profit maximization versus win maximization in soccer. *Review of Industrial Organization, 34* (1), 45-68.

Gürtler, O. (2007), 'A rationale for the coexistence of central and decentral marketing in team sports'. *German Economic Review, 8* (1), 89–106.

Handelsblatt (2010). NBA rechnet mit 350 Millionen Dollar Verlust. Zugriff am 19. März 2013 unter http://www.handelsblatt.com/sport/sonstige-sportarten/basketball-nba-nba-rechnet-mit-350-millionendollar-verlust/3571716.html

Hart, R. A., Hutton, J. & Sharot, T. (1975). A statistical analysis of association football attendances. *Applied Statistics, 24* (1), 17–27.

Heinemann, K. (1984). *Texte zur Ökonomie des Sports.* Schorndorf: Hofmann.

Heinemann, K. (1998). Was ist und wozu benötigen wir eine Sportökonomik? *Sportwissenschaft, 28*, 265-282.

Heinemann, K. & Horch, H. D. (1981). Soziologie der Sportorganisation. *Sportwissenschaft, 11* (2), 123-150.

Hickel, R. (2002). Thesen zur Konzipierung einer Sportökonomie: Zukunft der Arbeit, globale Einflüsse und Konsequenzen für den Sport. In M.-P. Büch, W. Maennig & H.-J. Schulke (Hrsg.), *Regional-und sportökonomische Aspekte von Sportgroßveranstaltungen* (S. 9-18). Köln: Sport und Buch Strauß

Horch, H.-D. (1994). Besonderheiten einer Sport-Ökonomie. *Freizeitpädagogik, 16* (3), 243–257.

Horch, H. D. (1999). *Professionalisierung im Sportmanagement: Beiträge des 1. Kölner Sportökonomie-Kongresses.* Aachen: Meyer und Meyer.

Humphreys, B. R. & Ruseski, J. E. (2007). Participation in physical activity and government spending on parks and recreation. *Contemporary Economic Policy, 25* (4), 538-552.

Humphreys, B. R. (2002). Alternative measures of competitive balance in sports leagues. *Journal of Sports Economics, 3* (2), 133–148.

Jennett, N. (1984). Attendances, uncertainty of outcome and policy in Scottish League Football. *Scottish Journal of Political Economy, 31* (2), 176–198.

Jones, H. G. (1989b). *The economic impact and importance of sport: An European study*. Strasbourg: Council of Europe.

Kavetsos, G. & Szymanski, S. (2010). National well-being and international sports events. *Journal of Economic Psychology, 31* (2), 158-171.

Késenne, S. (1996). League management in professional team sports with win maximizing clubs. *European Journal for Sport Management, 2*, 14-22.

Késenne, S. (2004). Competitive balance and revenue sharing when rich clubs have poor teams. *Journal of Sports Economics, 5* (2), 206-212.

Késenne, S. (2007). *The economic theory of professional team sports: An analytical treatment*. Cheltenham: Edward Elgar Publishing.

Késenne, S. (2009). The objective function of a team. In W. Andreff & S. Szymanski (eds.), *Handbook on the economics of sport* (p. 601-609). Cheltenham: Edward Elgar.

Kurscheidt., M. (2009). The World Cup. In W. Andreff & S. Szymanski (eds.), *Handbook on the economics of sport* (p. 197-213). Cheltenham: Edward Elgar

Langer, M. (2006). *Öffentliche Förderung des Sports. Eine ordnungspolitische Analyse*. Berlin: Duncker & Humblot.

Lechner, M. (2009). Long-run labour market and health effects of individual sports activities. *Journal of Health Economics, 28*, 839-854.

Leeds, M. & van Allmen, P. (2005). *The economics of sport* (2nd ed.). Boston: Pearson.

Maennig, W. (2007). Ein Jahr danach – eine ökonomische Nachlese zur Fußball-WM 2006. *Wirtschaftsdienst, 6*, 378-385.

Mankiw, N. G. & Taylor, M. P. (2008). *Grundzüge der Volkswirtschaftslehre* (4., überarb. u. erw. Aufl. Aufl.). Stuttgart: Schäffer-Poeschel.

Melzer, M. & Stäglin, R. (1965). Zur Ökonomie des Fußballs–Eine empirisch-theoretische Analyse der Bundesliga. *Konjunkturpolitik, 11* (11), 114-137.

Meyer, B. & Ahlert, G. (2000). *Die ökonomischen Perspektiven des Sports. Eine empirische Analyse für die Bundesrepublik Deutschland.* Schorndorf: Hofmann.

Müller, J. C., Lammert, J., & Hovemann, G. (2012). The Financial Fair Play Regulations of UEFA: An Adequate Concept to Ensure the Long-Term Viability and Sustainability of European Club Football? *International Journal of Sport Finance, 7*(2), 117-140.

Musgrave, R. A. (1957) A Multiple Theory of Budget Determination. *Finanzarchiv, 17*, 333–343.

Mutter, F. & Pawlowski, T. (2013). Role Models in Sports – Can success in professional sports increase the demand for amateur sport participation? *Sport Management Review*, doi: 10.1016/j.smr.2013.07.003.

Mutter, F. & Pawlowski, T. (2014). The monetary value of the demonstration effect of professional sports. *European Sport Management Quarterly*, DOI:10.1080/16184742.2014.882369.

Neale, W. C. (1964). The peculiar economics of professional sports. *The Quarterly Journal of Economics, 78* (1), 1-14.

Noll, R. G. (1974). Attendance and price setting. In R. G. Noll (ed.), *Government and the sports business* (pp. 115-157). Washington, D.C.: Brookings Institutions

Olson, M. (1968). Die Logik des kollektiven Handelns. Tübingen: Mohr Siebeck.

Palacios-Huerta, I. (2014). *Beautiful game theory: How soccer can help economics.* Princeton: University Press.

Parkhouse, B.L. (2005). *The Management of Sport. Its Foundation and Application.* NY: McGraw - Hill International.

Pawlowski, T. (2013a). Testing the uncertainty of outcome hypothesis in European professional football - A stated preference approach. *Journal of Sports Economics,* 14(4), 341-367.

Pawlowski, T. (2013b). *Wettbewerbsintensität im Profifußball – Eine empirische Untersuchung zur Bedeutung für die Zuschauer.* Wiesbaden: Springer-Gabler Research.

Pawlowski, T. & Anders, C. (2012). Stadium attendance in German professional football – The (un)importance of uncertainty of outcome reconsidered. *Applied Economics Letters, 19* (16), 1553-1556.

Pawlowski, T. & Breuer, C. (2011). The demand for sports and recreational services: Empirical evidence from Germany. *European Sport Management Quarterly, 11* (1), 5-34.

Pawlowski, T. & Breuer, C. (2012a). *Die finanzpolitische Bedeutung des Sports in Deutschland.* Wiesbaden: Springer-Gabler Research.

Pawlowski, T. & Breuer, C. (2012b). Expenditure elasticities of the demand for leisure services. *Applied Economics, 44* (26), 3461-3477.

Pawlowski, T. & Breuer, C. (2012c). Expenditures on sports products and services – Empirical Evidence. In L. Robinson, P. Chelladurai, G. Bodet & P. Downward (eds.), *Routledge Handbook of Sport Management* (p. 354-372). Abingdon: Routledge.

Pawlowski, T., Breuer, C. & Hovemann, A. (2010). Top clubs' performance and the competitive situation in European domestic football competitions. *Journal of Sports Economics, 11* (2), 186-202.

Pawlowski, T., Breuer, C., Wicker, P. & Poupaux, S. (2009). Travel time spending behavior in recreational sports - An econometric approach with management implications. *European Sport Management Quarterly, 9* (3), 215-242.

Pawlowski, T. & Budzinski, O. (2013). The (monetary) value of competitive balance for sport consumers – A stated preference approach to European professional football. *International Journal of Sport Finance, 8* (2), 112-123.

Pawlowski, T., Downward, P., & Rasciute, S. (2011). Subjective well-being in European countries - On the age specific impact of physical activity. *European Review of Aging and Physical Activity, 8*, 93-102.

Peeters, T. (2011). Broadcasting rights and competitive balance in European Soccer. *International Journal of Sport Finance, 6* (1), 23-39.

Peeters, T. (2012). Media revenue sharing as a coordination device in sports leagues. *International Journal of Industrial Organization, 30* (2), 153-163.

Peeters, T. & Szymanski, S. (2014). Financial Fair Play in European football. *Economic Policy* (forthcoming).

Pociello, C. (1981). *Sports et société. Aproche socio-culturelle des pratiques.* Paris: Vigot.

Preuß, H., Kurscheidt, M. & Schütte, N. (2009). *Ökonomie des Tourismus durch Sportgroßveranstaltungen: Eine empirische Analyse zur Fußball-Weltmeisterschaft 2006*. Wiesbaden: Gabler.

Preuß, H., Alfs, C. & Ahlert, G. (2012a). *Sport als Wirtschaftsbranche. Der Sportkonsum privater Haushalte in Deutschland.* Wiesbaden: Springer-Gabler Research.

Preuß, H., Alfs, C. & Ahlert, G. (2012b). *Wirtschaftliche Bedeutung des Sportkonsums in Deutschland – Executive Summary*. Zugriff am 16.01.2014 unter http://www.sport.uni-mainz.de/Preuss/Download%20public/projekte/Sportkonsum%20Deutschland/120709_Wirtschaftliche_Bedeutung_des_Sportkonsums_Executive_Summary_Preuss_Alfs_Ahlert.pdf

Robinson, L., Chelladurai, R., Bodet, G. & Downward, P. (2012). *Routledge Handbook of Sport Management.* Routledge: Abingdon.

Rottenberg, S. (1956). The baseball players' labor market. *Journal of Political Economy, 64* (3), 242–258.

Scheerder, J., Thomis, M., Vanreusel, B., Lefevre, J., Renson, R., Eynde, B. V., et al. (2006). Sports participation among females from adolescence to adulthood a longitudinal study. *International Review for the Sociology of Sport, 41* (3-4), 413-430.

Sloane, P. (1971). The economics of professional football: The football club as a utility maximiser. *Scottish Journal of Political Economy, 17* (2), 121-146.

Steinmayr, A., Felfe, C., & Lechner, M. (2011). The closer the sportier? Children's sport activity and their distance to sport facilities. *European Review of Aging and Physical Activity, 8*(2), 67-82.

Szymanski, S. (2001). Income inequality, competitive balance and the attractiveness of team sports: Some evidence and a natural experiment from English soccer. *The Economic Journal, 111*(469), F69–84.

Szymanski, S. (2003). The economic design of sporting contests. *Journal of Economic Literature, 41*, 1137–1187.

Thieme, L. (2011). *Zur Konstitution des Sportmanagements als Betriebswirtschaftslehre des Sports – Entwicklung eines Forschungsprogramms.* Berlin: epubli.

Trosien, G. (2009). *Sportökonomie (Band 2)*: Aachen: Meyer & Meyer Verlag.

Volpicelli, L. (1966). *Industrialismo e sport.* Rome: A. Armando.

Weber, W., Schneider, C., Kortlücke, N. & Horak, B. (1995). *Die wirtschaftliche Bedeutung des Sports.* Schorndorf: Hofmann.

Wicker, P., Breuer, C., Lamprecht, M. & Fischer, A. (2013). Does club size matter? An examination of economies of scale, economies of scope, and organizational problems. *Journal of Sport Management*, forthcoming.

Wicker, P., Breuer, C. & Pawlowski, T. (2009). Promoting sport for all to age-specific target groups – The impact of sport infrastructure. *European Sport Management Quarterly, 9* (2), 103–118.

Wicker, P., Hallmann, K., Breuer, Ch., & Feiler, S. (2012). The value of Olympic success and the intangible effects of sport events – a contingent valuation approach in Germany. *European Sport Management Quarterly*, 12(4), 337–355.

Index